<u>Table</u>

L'Algérie Française

Le Mossad a été réellement impliqué durant la guerre d'indépendance, contre le FLN. A 78 ans, l'agent Avraham Barzilai a décidé de parler de son passé d'agent du Mossad, en Algérie. Précisément à Constantine ou, à 29 ans, il avait été envoyé par les services secrets israéliens, en compagnie de sa femme, afin de monter des cellules opérationnelles pour faire la guerre à l'ALN, sous la couverture d'un modeste enseignant d'hébreu.

Avraham Barzilaï est arrivé à Constantine en janvier 1956, après avoir servi dans l'unité 131 des services de renseignement de Tsahal et avoir entraîné, dans ce cadre, les jeunes juifs égyptiens qui furent impliqués ensuite dans la « sale affaire ». Barzilaï, 29 ans à l'époque, est envoyé par le Mossad, avec sa femme, à Constantine. Sa « couverture » est un poste d'enseignant de l'hébreu. En mai 56, il a déjà mis sur pied des cellules de juifs constantinois armés qui ont pour mission de défendre la communauté juive locale.

Ce que racontent l'agent Barzilai et son responsable direct, Shlomo Havilio, en poste en 1956 à Paris, sont les détails d'une opération des services du Mossad qui ont entraîné et armé des cellules composées de jeunes juifs de Constantine pour faire la guerre à l'ALN. Les deux agents, qui avaient déjà servi dans l'unité 131 des services de renseignements de l'armée israélienne en Egypte, avaient déjà monté des cellules similaires pour déstabiliser le gouvernement de Nasser en armant des juifs égyptiens, lors d'une opération ratée, connue sous le nom de code de «la sale affaire».

Selon le découpage du Mossad en 15 zones géographiques, le Maghreb (Maroc, Algérie, Tunisie), occupe une place prédominante surtout depuis qu'Israël s'est mis dans l'idée de relancer la normalisation avec Rabat et Tunis. Barzilaï a le pressentiment que le FLN va commettre un attentat le 12 mai 1956...Il donne donc l'ordre aux membres de sa cellule de s'armer de pistolets et de patrouiller, rue de France, l'artère principale du quartier juif de Constantine. À midi, une très forte explosion secoue la rue: un Arabe a jeté une grenade à l'intérieur d'un café. Les jeunes de la cellule de Barzilaï arrivent sur place très rapidement. Des femmes juives crient. L'une d'elle désigne du doigt la ruelle vers laquelle le terroriste s'est enfui. Les jeunes juifs de sa cellule l'ont rattrapé et l'ont abattu.

Les aveux de cet agent du Mossad se poursuivent, intacts et cyniques. «Nous craignions que les Arabes ne viennent se venger contre le quartier juif. Nous avons alors déployé quatre autres cellules sur des points stratégiques, à l'entrée du quartier juif. Certains juifs portaient des armes, avec l'autorisation des autorités françaises. Très rapidement les coups de feu ont commencé à fuser de toutes parts. Et les juifs armés, furieux après l'attentat, ont commencé à se diriger vers le quartier musulman. J'ai donné l'ordre à nos hommes de prendre le contrôle de la situation et d'éviter tout débordement aux conséquences dramatiques», raconte Barzilai.

Il explique que seuls six soldats français sont arrivés sur place. Ce sont les juifs des cellules du Mossad qui leur ont indiqué ce qu'ils avaient à faire... « Nos hommes ont pénétré dans des cafés arabes voisins et leur ont causé des pertes sérieuses », rapporte Barzilaï dans un message codé envoyé au quartier général du Mossad en Europe, dirigé à Paris par Shlomo Havilio.

Pour ces espions, la traque des militants du FLN était permanente. Elle se substituait dans les quartiers juifs à celle de l'armée française. Cet agent du Mossad confie d'ailleurs que des soldats français étaient «dirigés» par ces cellules du Mossad.

Le reste de ce récit sera divulgué lors de cette semaine à l'occasion du rassemblement de Jérusalem auquel prendra part Enrico Macias qui doit donner un concert de Malouf et la ministre du gouvernement Raffarin, Mme Nicole Guedj, secrétaire d'Etat aux droits des victimes, originaire également de Constantine.

Durant ce séminaire, plusieurs personnalités juives algériennes interviendront dont le professeur Benjamin Stora qui animera une conférence sur «la résistance et l'exode des juifs» de Constantine ou le professeur Marc Zerbib, connu pour être un des organisateurs des réseaux des juifs algériens établis en Israël et estimé à 50.000 membres par différentes sources. Ce rassemblement auquel les juifs de Constantine accordent une importance particulière, avec avion spécial depuis Paris et même la présence du Président israélien, Moshe Katzav aux travaux, permettra, certainement, de faire la part des choses sur le traitement accordé aux juifs constantinois par les Algériens surtout sous le règne vichyste. Reste à savoir si les aveux lourds de sens des agents du Mossad sont le premier mea culpa à l'adresse des Algériens...

C'est un historien français, Gilbert Meynier, qui donne ce chiffre se basant sur le livre d'Anne-Marie Laouanchi, écrit en hommage à son mari Salah Laouanchi, responsable de la Fédération de France du FLN de 1956 à 1957. Le bilan a été fourni par les compagnies républicaines de sécurité (CRS). Devant l'ampleur des réactions qu'un tel chiffre ait pu produire dans l'opinion publique, M. Meynier a fait, récemment, une sorte de mea culpa pour « avoir pris pour seule source, celle d'une proche du FLN ».

Mais ça, c'est une autre histoire. L'essentiel, qui a été derrière ces massacres? Ces actions sont-elles le fait de la DST, les services de renseignements français, ou du Mossad, ou alors les deux en même temps, dans un esprit de collaboration pour étouffer la Révolution algérienne. Quel rôle avait joué le Mossad, le service de renseignements israélien, dans ces tueries ?

Dans les travaux d'investigation effectués par Mme Ouanassa Siari Tengour, présentés lors du Colloque de 2006, sur la guerre de Libération (1954-1962), qui a eu lieu à Skikda, l'auteur retrace « le contexte de crise générale » dans lequel surviennent ces massacres des 12 et 13 mai 1956, et qui ont coïncidé avec le premier jour de la fête de l'Aïd pour les musulmans. Ceux-ci « ne doivent rien au hasard. Ils sont l'aboutissement logique de pratiques dont les caractéristiques les plus visibles sont la répression, l'arbitraire et l'impunité et qui se trouvent réactivées par le déclenchement de la lutte armée, le 1er novembre 1954 ».

Elle note, dans son étude, sur la base de témoignages, la situation exceptionnelle, insurrectionnelle, que suggère le dispositif policier qui y est déployé. Des milices dites «antiterroristes», — c'est-à-dire engagées contre les éléments du FLN — avaient procédé à une série d'exécutions dans le Constantinois. Le prétexte de ces tueries intervenues les 12 et 13 mai, c'est l'attentat contre un café détenu par un juif. Après l'explosion de la bombe, la réaction ne s'est pas fait attendre, la chasse à « l'Arabe » commence. Des civiles sont abattus froidement...

Or si la presse de l'époque (La Dépêche de Constantine) a présenté l'auteur comme «un élément lié au FLN», ce dernier par le biais de son journal « El Moudjahid » réfute cette version en l'imputant, selon les précisions en bas de l'article de Mme Tengour, à «un homme habillé à l'européenne». Cela n'a, évidemment, pas empêché les groupes armés de la rue de France (quartier juif) de déclencher les représailles contre les populations musulmanes. Ce sont des groupes de milices bien encadrées par une organisation, implantée au Maghreb, et affiliée au Mossad qui se sont chargés de cette sale besogne.

Cela commence le 12 mai 1956. Le Mossad avait déjà entrepris d'encadrer les éléments juifs. Barzilaï, un agent du Mossad, donne, déjà, l'ordre aux membres de sa cellule de s'armer de pistolets et de patrouiller, rue de France, l'artère principale du quartier juif de Constantine. Les Français n'osaient pas intervenir, cette action les aidait à démanteler les réseaux des militants du FLN.

Cet enseignant d'hébreu agissait sous l'ordre de son responsable direct, Shlomo Havilio, en poste en 1956 à Paris. Les services du Mossad ont entraîné et armé des cellules de jeunes juifs de Constantine pour faire la guerre à l'ALN. Les deux agents sont présentés comme des spécialistes de la subversion, au service des services de renseignements israéliens, ils avaient opéré dans les pays arabes , en Egypte plus exactement, en montant des cellules similaires pour déstabiliser le gouvernement de Nasser en armant des juifs égyptiens.

Les massacres en question interviennent dans une situation qui n'était pas, à vraiment parler, calme dans toutes les régions d'Algérie. Dans le Constantinois, une dizaine de mois auparavant, l'insurrection d'août 1955 s'est soldée par plusieurs arrestations de militants algériens. C'est une situation d'insurrection permanente avec des attentats visant les policiers français ou les représentants de l'administration coloniale. On a pu noter, à ce titre, en avril 1956, des actions qui se sont soldées par 101 assassinats dont celui qui a visé le commissaire principal San Marcelli.

Les représailles feront un grand carnage parmi les populations civiles. Des historiens essaient de réfuter l'idée que le massacre des 12 et 13 mai ait été le fait seulement de ces milices essayant de montrer que « c'est le dispositif policier qui a pris la relève après le premier jour des hostilités ». Quand bien même l'hypothèse en question peut être crédible, rien n'empêche les éléments du Mossad qui «ont fait un noyautage des militaires», selon certains historiens, d'agir sous une autre couverture. Les deux communautés musulmane et israélite se sont déjà affrontées, en 1934, à la suite d'un acte de provocation d'un lieu de culte musulman (profanation d'une mosquée) considéré comme « un petit incident sans importance». Mais, note-t-on, si l'embrasement n'a pas eu lieu, c'est que, entre les deux périodes, le contexte est totalement différent. Dans le dernier cas, on est en pleine guerre de Libération et les groupes en question sont cette fois-ci bien armés par le Mossad.

Le Royaume et le Mossad

Entre le Royaume de Mohamed VI et le Mossad, les relations sont aussi vieilles que l'Etat hébreu. La présence d'une forte communauté juive au Maroc y est pour beaucoup dans ce rapprochement. En 1948, année de la naissance d'Israël, cette communauté comptait déjà 270.000 âmes. Créé en 1951, le Mossad s'est intéressé depuis au Royaume et les contacts n'ont jamais cessé entre les officiels des deux pays.

Durant le protectorat, l'émigration des juifs marocains vers Israël était tout à fait légale. Les partants se voyaient même remettre des passeports français avant d'effectuer le grand voyage. Mais tout le monde n'avait pas le droit de partir : il y avait quand même une politique de quotas.

Au lendemain de l'indépendance du Maroc, Mohammed V ne voulait plus laisser partir les juifs marocains. Il devenait difficile d'obtenir un passeport lorsque vous étiez juif, même si c'était pour se rendre ailleurs qu'en Israël. Le sultan considérait que les juifs étaient de très bons candidats pour assumer des postes de responsabilité au Maroc, et il craignait une sorte de fuite de cerveaux qui handicaperait un Maroc alors fraîchement indépendant. Le Mossad a alors réagi en montant l'opération dite Encadrement, conjointement avec l'agence juive de l'immigration.

Le but était de sortir des juifs du Maroc, mais clandestinement. Des agents du Mossad ont d'abord fait le tour du royaume sous de fausses identités, rencontrant les juifs désirant quitter le pays. Ils les enregistraient et les faisaient embarquer dans des navires de contrebandiers en direction de Sebta et de Gibraltar. D'autres migrants juifs prenaient plutôt l'avion, avec de faux papiers mis à leur disposition par les agents israéliens.

Après la mort de Mohammed V et l'arrivée de Hassan II au pouvoir, les choses vont totalement changer. Les Israéliens, peu satisfaits du faible nombre de juifs qui arrivaient à quitter le Maroc dans ces conditions, voulaient plus. Ils entament des négociations avec les responsables marocains dans ce sens. Les rencontres entre Marocains et Israéliens ont eu lieu, d'abord à Casablanca, ensuite à Paris puis à Genève. Elles se termineront par la conclusion d'un accord. C'est ainsi que 76 000 juifs ont quitté le Maroc entre 1961 et 1964. Leurs passeports collectifs étaient signés de la main du général Oufkir, qui a chapeauté toute l'opération. Les migrants transitaient par Gibraltar ou

Marseille. Les responsables marocains auraient perçu, à titre de compensation, quelque chose comme 250 dollars par tête (de migrant juif) des mains des Israéliens".

Un journaliste israélien dévoile, dans un ouvrage, l'étroitesse des relations entre le Maroc et l'Etat hébreu et l'alliance entre les deux pays contre l'Algérie, notamment lors de "la guerre des sables" en 1963, à travers l'entraînement d'officiers marocains et un soutien multiforme apporté par Tel-Aviv. «Le Lien marocain » est le titre d'un livre préfacé par un ancien chef du Mossad, le service d'espionnage israélien, Ephraïm Halévy, et publié en hébreu par les éditions Matar, qui révèle les liens étroits entre Israël et le Maroc.

Mais ce qui intéresse le plus les Algériens, c'est la partie dans laquelle il est fait état d'une alliance maroco-israélienne en 1963 après le déclenchement de la "guerre des sables" entre le Maroc et l'Algérie. L'auteur de l'œuvre rapporte que le chef du Mossad de l'époque, Meir Amit, doté d'un faux passeport, a rencontré à Marrakech le roi Hassan II pour lui déclarer: "Nous pouvons, et nous voulons vous aider." Sans le moindre scrupule, le souverain alaouite a accepté l'offre israélienne.

Lors du déclenchement de la Guerre des sables, en 1963, entre le Maroc et l'Algérie, le chef du Mossad, Meir Amit, doté d'un faux passeport, s'est rendu dans la région de Marrakech pour rencontrer le roi Hassan II. Il lui a assuré que le Mossad était prêt à lui apporter son aide et lui a fourni des informations déterminantes sur les unités égyptiennes (qui apportaient leur soutien à l'armée algérienne). Meir Amit a également préparé pour Hassan II un compte rendu sur les activités de l'opposition marocaine en Egypte, que le Mossad suivait de très près. Pour l'anecdote, et toujours en 1963, le colonel Dlimi s'était rendu pour la première fois en Israël avec un passeport israélien, qu'il avait récupéré auprès de l'ambassade d'Israël à Paris.

Des instructeurs israéliens ont formé des officiers marocains de l'armée de terre, des pilotes de Mig-17 soviétiques et des membres des services de renseignement. Ils ont aussi conseillé l'armée marocaine lors de la construction du Mur de défense la protégeant des attaques du Front Polisario. Israël a également vendu des armes et de l'équipement militaire au Maroc (radars, chars…) mais, le plus drôle, c'est que le gouvernement marocain ne voulait pas traiter directement avec l'Etat hébreu. On a donc fait appel au Shah d'Iran, qui a pris sur lui de tout acheter (auprès d'Israël) et de tout revendre (au Maroc)…

Ainsi des instructeurs de l'armée israélienne ont ensuite entraîné des officiers marocains, formé des aviateurs au pilotage de Mig-17 soviétiques, organisé ses services secrets, surveillé la construction de la barrière entre le Maroc et l'Algérie, vendu des armes, y compris des chars AMX-13 français via Téhéran, et équipé des embarcations de pêche avec des radars pour les transformer en gardes-côtes. Voilà en gros ce qu'a fait Israël pour le Maroc pour lui permettre de prendre le meilleur sur l'Algérie, en vain. En effet, en dépit de tout ce soutien, la monarchie chérifienne n'a pas réussi à atteindre ses desseins.

Il faut dire qu'à travers cette aide, Israël s'est bien implanté dans le royaume au point d'exploiter cette présence, par le moyen de l'espionnage, pour découvrir les faiblesses des armées arabes. Selon le journaliste écrivain israélien, le Mossad a réussi à suivre le sommet arabe de Casablanca en 1965 et a ainsi découvert l'impréparation des armées arabes bien avant la guerre de juin 1967, ce qui explique son écrasante victoire traduite par l'annexion de tous les territoires palestiniens ainsi que le Sinaï égyptien et le Golan syrien. Une place importante est accordée dans cette œuvre aux pourparlers du Mossad avec le roi Hassan II, qui ont préludé à la rencontre secrète au Maroc du ministre israélien des Affaires étrangères Moshé Dayan avec le vice-Premier ministre égyptien Hassan El-Toami, puis au voyage historique du président égyptien Anouar Sadate à Jérusalem en 1977.

Déstabiliser le royaume

Lors d'une interview accordée par l'ex-patron du service d'espionnage israélien 'Aman', à la chaine 7 de la télévision israélienne, le général Amos Yadlin, aujourd'hui réserviste, a affirmé qu'Israël, possède au Maroc, un réseau d'espionnage et de subversion au besoin, qui pourrait, à l'ordre, complètement déstabiliser et insécuriser le royaume.

Le général vantait devant ses interviewers, la capacité d'Aman à intervenir, dit-il, «derrière les lignes de l'ennemi». Le général Yadlin a avancé, selon ce qu'a rapporté le quotidien londonien Al Quds Al Arabi, que des réseaux israéliens, similaires à celui implanté au Maroc, étaient en service également dans d'autres pays de la région, comme la Tunisie, la Lybie ou l'Egypte.

«Au Maroc et en Tunisie, nous avons des agents disséminés à différents niveaux, dans les milieux politiques, économiques, culturels et sociaux et peuvent faire la promotion d'Israël, tout comme ils peuvent provoquer des destructions» a prétendu le général israélien.

«*Nous sommes capable de provoquer et d'exacerber des crises tribales, confessionnelles et des tensions sociales et d'ainsi maintenir ces pays sous pressions internes*» a-t-il expliqué.

Par ailleurs, le journal israélien Yediot-Ahronot a rapporté que le Mossad et Aman recrutent leurs agents et espions parmi, les cadres d'entreprises, les avocats, les chimistes, les graphistes, les médecins, les professeurs de langues, des psychiatres, des ex-militaires, des menuisiers et des employés d'entretiens.

Mehdi Ben Barka

Dans les années 1950, la France embourbée dans la guerre d'Algérie, a établi des relations soutenues avec le Mossad, pour obtenir des informations sur le FLN. Le Mossad dispose donc d'une implantation en France. Israël a également développé des relations avec le Maroc, le plus pro-occidental des pays arabes, l'aidant notamment à restructurer ses services secrets du royaume. Les services secrets israéliens ont obtenu de pouvoir observer un sommet de la Ligue arabe à Casablanca, en septembre 1965. En échange, Rabat exige du Mossad son aide pour repérer et éliminer l'opposant Mehdi Ben Barka, qui voyage toujours incognito, avec beaucoup de précautions pour ne pas se faire repérer.

Les services secrets israéliens auraient aidé Rabat à localiser l'opposant marocain Mehdi Ben Barka et à le faire disparaître, en octobre 1965 à Paris. L'implication du Mossad, les services secrets israéliens, dans l'enlèvement à Paris de l'opposant marocain Mehdi Ben Barka en 1965 a très tôt été soupçonnée.

En 2008, le journaliste Samuel Segev avait évoqué l'implication du Mossad et rappelé dans un livre des détails sur les relations secrètes entre Israël et le Maroc. Le Mossad avait selon lui, indirectement permis aux services secrets marocains de repérer l'opposant socialiste, puis de le piéger. Ben Barka, qui voyageait beaucoup à travers le monde, se servait d'un kiosque à journaux à Genève comme d'une boîte postale où il venait récupérer son courrier, et le Mossad a donné cette information à Dlimi.

Le General Oufkir a demandé de l'aide (aux services secrets israéliens) pour l'enlèvement, mais il n'a pas reçu de réponse positive. Les Marocains ont beaucoup insisté, mais le Mossad les a seulement aidés pour repérer et retracer les itinéraires de Ben Barka. Le leader de l'UNFP, qui voyageait beaucoup à travers le monde, avait pour habitude de se servir d'un kiosque à journaux à Genève comme d'une boîte postale, où il venait régulièrement récupérer son courrier. Le Mossad a été le premier à avoir cette information et l'a transmise aux services secrets marocains. Une fois informé, Oufkir a placé des hommes devant ce kiosque jour et nuit. Et il a fallu environ deux semaines pour que Ben Barka pointe son nez. Les agents marocains n'ont eu alors qu'à le suivre pour découvrir qu'il avait un pied-à-terre en Suisse".

Le 29 octobre 1965, Ben Barka est arrivé à Paris en provenance de Genève, avec un passeport diplomatique algérien. Il a déposé ses valises chez son ami Jo Ohanna, un juif marocain, et s'est rendu à pied à la brasserie Lipp pour y rencontrer un journaliste français. L'opposant au régime marocain avait rendez-vous avec des cinéastes pour un projet de films sur la décolonisation. Deux policiers français en civil l'ont interpellé et conduit dans une voiture de location jusqu'à une villa au sud de Paris.

Après avoir repéré l'opposant, le Mossad fournit une aide matérielle, des faux documents, une cache, pour son enlèvement. Si le Mossad n'est pas impliqué dans la mort de Ben Barka, il se charge de faire disparaitre sa dépouille, dans la forêt de Saint Germain: "*Le service a eu l'idée de dissoudre le corps avant de l'enterrer avec de l'acide*», raconte Ronen Bergman au Monde, «*à base de produits chimiques achetés dans plusieurs pharmacies. Cette nuit-là, il a plu. La pluie a accéléré le processus.*"

Nous savons avec certitude que Ben Barka était encore en vie le 1er novembre (...) [le général] Dlimi ne voulait pas le tuer, mais lui faire avouer son intention de renverser le roi Hassan II. Ben Barka avait les chevilles entravées et les mains nouées dans le dos, et Dlimi lui a plongé la tête dans un bac rempli d'eau. A un moment donné, il a pressé trop fort sur ses jugulaires, l'étranglant ainsi à mort. Le ministre marocain de l'Intérieur, le général Mohammed Oufkir, chef de la police secrète, est ensuite arrivé à Paris pour organiser l'enterrement, qui s'est déroulé à Paris, quelques jours après le décès, sur une aire en construction, où il y avait du béton et du ciment, aux abords de l'autoroute du sud.

Trois ans plus tard, une route a été construite à cet endroit. S'il reste quelque chose de sa dépouille, c'est sous un noeud routier à cet endroit. Le Mossad a agi parce qu'il était redevable envers le Maroc, mais n'avait pas d'hostilité particulière envers l'opposant marocain qui avait entretenu des relations avec des officiels israéliens et "admirait, les réalisations de l'Etat hébreu dans le domaine de l'agriculture, du développement régional et de l'armée."

Ben Barka et Israel

Ben Barka avait une profonde admiration pour le modèle israélien des kibboutz et pour le Premier ministre de l'époque, David Ben Gourion. Il pensait que l'expérience des kibboutz aurait pu inspirer les responsables marocains. Mehdi Ben Barka est parti par la suite à la rencontre du conseiller diplomatique de l'ambassade d'Israël à Paris, qui était en réalité le chef du Mossad en France. Il a demandé à son interlocuteur de l'argent et des armes pour organiser l'opposition (à la monarchie) dont il était alors le symbole. Le diplomate - agent n'a pas donné suite à la demande de Ben Barka, mais il a tout de suite fait un compte rendu détaillé de la rencontre à Ben Gourion, qui s'est empressé à son tour d'en faire part au roi du Maroc...

G4S

Il aura fallu que des ONG marocaines protestent contre le fait que le Maroc abrite des sociétés de sécurité privées israéliennes. En effet, les organisations qui ont manifesté leur colère contre la présence d'une entreprise de gardiennage dénommée «G4S» ont, par là même, permis de révéler le degré de rapprochement entre Rabat et Tel-Aviv.

Si le Maroc est libre de traiter avec les pays qu'il veut, par contre, la nature de ces sociétés dont le peuple marocain ne veut pas pose un sérieux problème de sécurité pour l'Algérie. Il est difficile de croire que les autorités marocaines ne soient pas au courant de la proximité entre ce genre d'entreprises et les services de sécurité. Dans ce cas précis, il est plus qu'évident que «G4S» est une société-écran qui a réussi à s'infiltrer au Maghreb par son accès le plus facile, à savoir le Maroc, pour être au plus près d'un pays qui représente pour l'Etat hébreu une menace sérieuse, aux yeux du régime va-t-en-guerre de Tel-Aviv.

On ne sait pas si les organisations non gouvernementales marocaines se sont soulevées contre cette entité parce que c'est la seule société israélienne du genre présente sur le territoire marocain et si d'autres entreprises israéliennes activent dans des secteurs d'activité autres que celui de la sécurité. Ce que les ONG marocaines reprochent à cette société, c'est son implication dans des crimes de guerre et des crimes contre l'humanité en Palestine occupée. Une accusation qui confirme que «G4S», officiellement de droit privé, agit en réalité pour le compte des services de renseignement israéliens. Ce comportement des responsables politiques marocains n'est pas fait pour apaiser les tensions entre l'Algérie et le Maroc dont la duplicité du langage éloigne de plus en plus toute possibilité de réouverture des frontières et amenuise les chances de résurrection du projet de l'Union du Maghreb arabe. Cette situation forcera les services de sécurité algériens à redoubler de vigilance, maintenant que le Mossad est définitivement installé à nos por

Les Marocaines

Les soupçons pèsent sur des sujets féminins de sa Majesté le Roi Mohamed VI qui travailleraient pour le Mossad, le puissant service de renseignement israélien. Un réseau de 12 agents secrets en jupons, toutes originaires du Maroc, travaillent depuis des années pour le Mossad. A sa tête, la mystérieuse Nabila F., la quarantaine épanouie, teint doré, démarche gracieuse et élocution parfaite. Une femme pas vraiment comme les autres au Maroc.

Nabila chapeaute un réseau de 12 agents secrets en jupons, toutes Marocaines comme elle, dont sa sœur, engagée à l'âge de 12 ans. Repérée en décembre 2001 par le «sayan» Albert M., un agent dormant du Mossad établi au Maroc, dans une soirée mondaine à Casablanca, celui-ci lui présentera quelques mois plus tard à Paris, Joseph B., chasseur de têtes pour les services secrets israéliens. Nabila, diplômée en sciences politiques et en langues étrangères, hésitante au début, finira par accepter de travailler comme «katsa».

Autrement dit, comme officier de renseignement, pour le compte de l'Institut pour les renseignements et les affaires spéciales, moyennant une rémunération initiale alléchante de 70.000 euros par an sans les primes pour opérations risquées, passeports et voyages gratuits à travers la planète, voiture, appartement personnel dans la métropole de choix, un compte bancaire en Suisse, des bijoux précieux, des vacances dorées. Plus un plan de carrière et salaire selon expérience et compétence.

Tests psychologiques, entraînement au combat, à la filature, à la résistance à la torture, maniement des armes légères, perfectionnement en informatique, cours de linguistique… Nabila suit une formation intensive et pointue en espionnage pendant plusieurs mois dans la région de Haïfa. Jonglant avec les passeports et les identités. Imitant à merveille les multiples accents orientaux.

Intelligente parce qu'elle a réussi à passer du statut d'une femme quelconque à celui d'un agent secret redoutable, voyageant d'un pays à un autre, maniant parfaitement les dialectes arabes, du Maghreb jusqu'au fin fond de l'Orient musulman.

Le contexte mondial est bouleversé par les attentats anti-américains du 11 septembre et les nouvelles menaces que représentent le réseau Al Qaida d'Oussama Ben Laden. Recrutée, Nabila F., n'a pas tardé à devenir un espion modèle, grâce aux méthodes des services secrets israéliens. Selon Maroc

Hebdo, la Marocaine a été entraînée et formée aux techniques de maniement des armes, à la résistance à la torture, au combat, à la filature. En quelques mois à Haïfa, en Palestine, Nabila F., a tout appris ou presque : cours de linguistique, informatique, espionnage. Aussitôt, Nabila est envoyée sur le front de l'espionnage.

Comme un caméléon, imitant à merveille les multiples accents orientaux, Nabila F., change de fonctions au gré des missions: journaliste marocaine, beurette bénévole dans l'humanitaire, enseignante tunisienne d'arabe classique, comédienne belge d'origine libanaise, assistante de direction libyenne. Ou encore organisatrice émiratie d'évènements artistiques... Des fonctions ciblées permettant de rencontrer l'élite, les dirigeants arabes. Mieux, Nabila F., donne satisfaction au Mossad qui lui confie une énième mission, celle de recruter de jeunes espionnes marocaines. Nabila F. constitue son équipe, de 12 agents féminins prêtes à tout pour servir Israël.

Ces femmes ont pour cibles des dirigeants des pays arabes, des personnalités arabes et musulmanes qui comptent dans les pays occidentaux, notamment celles qui ont des positions claires en faveur du processus de paix en Palestine. Les gens qui pourraient aider les résistants palestiniens et libanais sont ciblés. Les journalistes influents, les députés, les hauts gradés des services de sécurité, magistrats, hommes d'affaires, activistes musulmans, diplomates, experts en terrorisme...Tous ceux qui comptent dans les pays musulmans.

Pour les approcher, rien n'est compliqué pour les petites espionnes. Tous les chemins mènent à la source. Les intelligentes sont postées dans les ONG internationales, les plus belles et les plus agiles prennent position dans les boîtes de nuit et les cabarets, ceux fréquentés par leurs cibles. Les moins instruites sont employées comme domestiques. Utilisant leur savoir-faire d'espionnes et leurs charmes, les agents secrets en jupons s'intéressent à toutes les informations vitales pour les pays arabes et musulmans.

Leurs objectifs sont clairs : obtenir du renseignement de gré ou de force à travers le chantage sexuel. Des filles du groupe de Nabila F., sont par exemple chargées de compromettre des personnalités arabes vivant aux Etats Unis en les impliquant dans des scandales sexuels filmés. Maroc Hebdo donne l'exemple d'Asmae qui a réussi avec quatre de ses acolytes à approcher Georges Frem (mort en 2006), député et ministre de l'Industrie au sein du gouvernement Hariri (tué lors d'un attentat à la voiture piégée).

Aux dernières nouvelles, rapporte l'hebdomadaire marocain, Nabila est aux trousses de riches businessmen américains d'origine arabe, défenseurs de la cause palestinienne. Les précieuses informations ramassées par les petites espionnes sont ensuite transmises à la division spécialisée du Mossad qui à son tour fait un rapport au Premier ministre israélien. Le pouvoir politique de l'Etat hébreu peut alors prendre les décisions qui s'imposent !

A tout cas, les jours de Nabila F., semblent comptés. Son groupe également n'est plus à l'abri. Fichées par Interpol et les services secrets de plusieurs pays, les espionnes marocaines du Mossad n'ont plus toute leur liberté d'action. Pour les services de renseignements israéliens, le réservoir d'espionnes n'a pas tari au Maroc. Au contraire. D'autant que les agents secrets israéliens ne sont pas des indésirables au Maroc qu'ils fréquentent souvent.

Muhammad Boudia

Le 28 juin 1973 à 10 h 45, Mohamed Boudia est assassiné à Paris. Le crime était signé: le Mossad avait placé une bombe dans la voiture de cet homme de culture algérien, qui militait activement dans la Resistance palestinienne.

Constant dans la lutte anti-impérialiste, Boudia épouse la cause de la résistance palestinienne et fonce vers une réalité tragique marquée par son empreinte. Cet engagement lui vaut d'être une cible prioritaire dans le viseur des services secrets israéliens et de leurs alliés. Le matin du 28 juin 1973, quittant la librairie palestinienne pour prendre sa voiture garée rue Saint-Victor, Mohamed Boudia tombe en martyr dans l'explosion de son véhicule piégé.

Tiers-mondiste actif

Dès les premières années de l'indépendance de son pays, le militant nationaliste algérien Mohamed Boudia montra son soutien à tous les «opprimés» à travers le monde, abstraction faite de leur nationalité ou de leurs confessions. Pour dire qu'il n'a pas épousé la cause palestinienne, comme le prétendaient certains historiens malintentionnés, par «fanatisme» ou par «dogmatisme panarabiste».

Car, avant de rejoindre les résistants palestiniens activant en Europe, il avait tour à tour manifesté sa sympathie avec le groupe de résistance espagnol Sandova, en écrivant en 1964 une lettre de protestation à l'ambassadeur d'Espagne à Alger, alors qu'il était encore au TNA, et une autre, au cours de la même année, au ministre de la Justice espagnol pour réclamer la libération d'un poète condamné par la cour martial du régime fasciste de Franco.

Tiers-mondiste actif, Boudia visita beaucoup de pays engagés sur cette voie de la lutte contre l'impérialisme et pour l'avènement d'un ordre mondial plus juste. C'est d'ailleurs à Cuba, et non pas dans un quelconque pays arabe, que son engagement pour la cause palestinienne a commencé, suite à sa rencontre avec Wadie Haddad, le responsable de la branche militaire du Front populaire pour la libération de la Palestine (FPLP), mouvement de gauche fondé par George Habache.

Voulant mettre son expérience militante au service de la révolution palestinienne, il suivit une formation à l'université Patrick Lumumba à Moscou, pour perfectionner son savoir-faire lié aux techniques de la guérilla. Et c'est là qu'il fit la rencontre d'un certain Carlos dit le Chacal, de son vrai nom Ilich Ramírez Sanchez, militant internationaliste vénézuélien passionné qui va défrayer la chronique durant les années quatre-vingt et quatre-vingt-dix. Boudia n'a trouvé aucune difficulté pour le recruter, ainsi que d'autres « camarades» de différentes nationalités, pour la résistance palestinienne.

Au début des années soixante-dix, Mohamed Boudia regagne Paris, où il s'était réfugié après son exil volontaire suite au changement politique survenu en Algérie le 19 juin 1965. Il est désigné chef des opérations spéciales du FPLP en Europe, avec un pseudonyme palestinien : Abu-Dhiya.

En trois ans d'existence à la tête de la branche parisienne de l'organisation externe du FPLP, alors dirigée par son ami Wadie Haddad, de 1970 à 1973, date de sa mort, Mohamed Boudia a réussi à redéployer l'organisation à travers toute l'Europe, par le recrutement de nouveaux éléments de haute qualité (le Vénézuélien Carlos et d'autres militants internationalistes de différentes nationalités) et la planification d'une série d'attaques retentissantes qui ont ébranlé tous les soutiens d'Israël dans le Vieux Continent.

Boudia s'est notamment chargé de missions spéciales en Israël en 1971, en engageant trois militantes est-allemandes pour faire exploser des sites à Jérusalem (El-Qods), dont l'hôtel Holiday. Les attaques n'ont pas abouti, parce que les trois jeunes femmes ont été découvertes à l'aéroport.

Au cours de la même année, il planifia une autre attaque contre un château en Autriche qui hébergeait les juifs russes admis à rejoindre Israël, en compagnie de son amie Thérèse Lefèbvre, encore sans succès.

Il revient à la charge avec d'autres actions qui ont enfin abouti et obtenu les résultats escomptés et où, à chaque fois, il ne laisse aucune trace : la première sera menée contre un dépôt de carburant israélien au port de Rotterdam aux Pays-Bas.

La deuxième grande action préparée et dirigée par Mohamed Boudia surviendra le 5 août 1972. Elle visa un pipe-line reliant l'Italie à l'Autriche. L'opération se solde par la perte de 20 000 tonnes de pétrole, estimées à 2,5 milliards de dollars, et la destruction du pipe-line. Pour la première fois, l'industrie pétrolière d'un pays européen était menacée par des activistes arabes qui paraissaient bien incontrôlables. L'argument, très politique, avancé alors par les auteurs et les commanditaires mêmes de cette action est que ce pétrole était produit par les Arabes pour servir leurs ennemis, par l'intermédiaires du marché européen.

Si sa participation à la prise d'otage des athlètes israéliens, lors des jeux Olympique de Munich, en 1972, n'a jamais été établie dans les rapports des différents services secrets ayant mené des investigations sur cette affaire, un diplomate palestinien issu du mouvement Fatah, qui a revendiqué la prise d'otage, nommé Omar Kadiri, la confirme aujourd'hui, en précisant que Mohamed Boudia a été chargé d'assurer le refuge, avant et après l'opération, aux éléments du groupe au nombre de neuf.

Suite à la vague d'assassinats décidée par le gouvernement israélien de Golda Meir, qui a ciblé plusieurs cadres actifs du FPLP et des personnalités pro-palestiniennes d'envergure, en réponse à cette prise d'otage, Mohamed Boudia voulait se venger. Il se déplaça, début 1973, à Madrid, pour abattre, personnellement, l'officier du Mossad en Europe Moshe Harran Ishai, alias Baruch Cohen.

Cela s'est passé le 26 janvier 1973 devant un café de la Gran Via dans la capitale espagnole. L'agent israélien avait été repéré à Paris, lors de l'assassinat, le 8 décembre 1972, du représentant de l'OLP et ami de Boudia, Mahmoud Hamshari. Cette action sera revendiquée par les résistants palestiniens et imputée, par la presse européenne, au groupe de Septembre noir qui avait organisé la prise d'otages de Munich.

D'autres attentats de moindre envergure ont été menés sur le territoire français même, sous la direction de Mohamed Boudia durant la même année : explosion d'une bombe dans les bureaux de l'Agence juive, une association sioniste active.

Le 11 janvier de la même année, un commando pro-palestinien composé d'éléments recrutés et encadrés par Mohamed Boudia, ouvre le feu à l'intérieur d'un restaurant fréquenté par des touristes à Kaiserslautern en Allemagne fédéral. L'un de ces touristes est tué et plusieurs autres sont blessés.

Au Proche-Orient, Mohamed Boudia a pris part à la planification et à l'exécution de plusieurs attentats contre des cibles israéliennes, revendiqués par son compagnon Wadie Haddad, chef des opérations externes du FPLP jusqu'à sa mort en 1978. Parmi ces actions ayant défrayé la chronique, on cite souvent l'attaque de l'aéroport de Lod de Tel-Aviv, menée le 30 mai 1972, exécutée par trois membres de l'Armée rouge japonaise, au nom du Front populaire de libération de la Palestine (FPLP).

L'attentat a tué 26 personnes et blessé 80 autres. Deux des assaillants ont été tués, tandis que le dernier survivant a été capturé après avoir été blessé. Les résistants palestiniens avaient eu l'idée de recruter et d'utiliser des activistes japonais ou sud-américains pour tromper la vigilance des services israéliens à l'affût du moindre mouvement de militants palestiniens.

La liste des actions révolutionnaires auxquelles Mohamed Boudia a pris part est loin d'être exhaustive. De nouveaux témoignages vont certainement mettre au clair des épisodes non connus du parcours héroïque de cet homme prodige.

La première action qu'il accomplit était de coordonner avec les organisations anti-impérialistes actives, notamment les Brigades rouges italiennes, le groupe allemand Baader-Meinhof, l'Armée rouge japonaise, les résistant basques, l'Armée révolutionnaire arménienne, etc. Tous ces mouvements étaient classés comme organisations terroristes par les principaux pays occidentaux, et donc étroitement surveillés par les services de renseignements de ces pays.

Tous les rapports établis par les services français, britanniques, le CIA et le Mossad affirment que Mohamed Boudia était la tête pensante de toutes les aucune preuve contre lui. Les officiers de la DST française étaient particulièrement intrigués par son cas : dans la journée, il s'occupe très tranquillement de ses « répétitions » théâtrales avec les comédiens ; mais la nuit, il devient un autre !

 Si officiellement aucune preuve n'a été établie sur son implication dans la prise d'otage organisée par le groupe nommé Septembre noir, lié à l'organisation nationaliste palestinienne du Fatah, lors des jeux Olympiques de Munich de 1972, de nombreux témoignages d'activistes palestiniens attestent aujourd'hui que Mohamed Boudia a coopéré étroitement avec les éléments du commando, en assurant notamment leur hébergement avant l'opération et en organisant, plus tard, leur fuite. Boudia était notamment l'ami de Hassan Salameh, chef de Force 17, chargé de la sécurité de Yasser Arafat, et à qui il rendait souvent visite quand il se trouvait à Beyrouth.

A la suite de la prise d'otage de Munich, qui coûta la vie à onze athlètes israéliens, le gouvernement israélien répliqua par une série d'attentats aveugles contre des cibles palestiniennes ou pro-palestiniennes, en Jordanie et au Liban où était concentrée la population palestinienne réfugiée, et partout dans le monde. C'est ainsi que le Mossad fut chargé de mener des opérations contre des militants palestiniens en Europe, comme Mahmoud Al-Hamchari ou Bassil Al-Kabissi, tués à Paris en 1973.

Mohamed Boudia, tout en se sachant visé par cette vague de représailles israélienne, dénonça ces attentats et fit signer une motion qu'il publia dans le prestigieux journal parisien Le Monde. Le 28 juin de la même année, il fut tué dans l'explosion de sa Renault 16, devant l'un des immeubles de l'Université de Paris VI, 32, rue des Fossés Saint-Bernard (Paris 5e). L'attentat portait clairement la signature des services secrets israéliens, le Mossad, qui classait Mohamed Boudia comme «ennemi public numéro un».

Mais les autorités françaises n'ont jamais voulu aller loin dans leurs investigations pour dévoiler les auteurs et les commanditaires de cet attentat terroriste – un juge a été désigné pour poursuivre l'affaire –, quand elles n'étaient pas accusées de complicité active avec le Mossad dans l'élimination d'un militant qui dérangeait.

Le chef du célèbre commando palestinien, Mohamed Awda dit Abu Daoud, à sa libération en 1977, obtenue d'ailleurs grâce à une médiation algérienne, s'est rendu devant la tombe de son camarade et frère de lutte Mohamed Boudia au cimetière El-Kettar à Alger. Son fidèle ami, Carlos, a, quant à lui, choisi pour le double attentat qu'il avait préparé en 1975 contre de avions de la campagne israélienne à l'aéroport d'Orly, le nom d'«opération Mohamed Boudia

La Périphérie Sioniste

Dans un livre paru aux Etats-Unis, et intitulé «Périphérie: Israël à la recherche d'alliés au Moyen-Orient », l'ancien officier des services secrets israéliens, Yossi Alpher, a révélé que le Mossad a bien noué des relations avec des berbéristes d'Algérie et du Maroc, afin de maintenir ces pays sous pression.

En effet, Yossi Alpher a révélé dans son livre intitulé 'Periphery: Israel's Search for Middle East Allies', paru début 2015, aux éditions 'Hardcover Books' aux USA, qu'Israël avait depuis les années 60, mis au point une stratégie dite la 'Doctrine des périphéries', avec pour objectifs à long terme son dés-endiguement géopolitique.

Consciente qu'elle n'est entourée que par des pays arabes qui lui sont hostiles, Israël, indique l'ancien officier du Mossad, avait opté pour le développement de ses relations avec des pays ceinturant le Moyen-Orient, comme le Maroc, la Grèce, la Turquie et l'Iran du Chah. Un autre volet de cette stratégie, concernait des groupes ethniques et confessionnels vivant au sein des pays arabes.

Selon Yossi Alpher, Tel-Aviv avait travaillé à nouer alliances chez les mouvements amazighistes en Afrique du Nord (Maroc et Algérie), afin de maintenir ses pays sous pressions. De même fut avec les maronites aux Liban, les Kurdes en Irak et les sud-soudanais qui avaient finis par se séparer du Soudan.

Dans son livre, Yossi Alpher a consacré un chapitre entier au Maroc. Il a considéré le royaume comme un pays clé dans cette stratégie israélienne des périphéries.

L'ancien espion israélien a expliqué ainsi que très tôt, Israël aurait tout fait pour gagner la confiance du Maroc et gagner par la même sa collaboration, notamment en matière de renseignement. Cette relation, indique-t-il, aurait été particulièrement facilitée par la communauté des maroco-israéliens qui compte parmi les plus nombreuses en Israël. Le Maroc, conclut Yossi Alpher, a permis à Israël, de mieux comprendre ''ce qui était en dynamique au sein du monde arabe''.

Yossi Alpher avait en mars dernier, été l'invité du 'Belfer Center for Science and International Affairs', un centre de recherche, relevant de la 'John F. Kennedy

School of Government' de l'université de Harvard . Il y a donné présentation de son livre dont suivant, l'enregistrement audio

Un travail qui entre dans le cadre de sa stratégie dite la «doctrine des périphéries», avec pour objectif à long terme le «dés-endiguement géopolitique» de l'Etat hébreu. L'officier israélien confirme par-là les relations entre le porte-voix du «Mouvement pour l'autonomie de la Kabylie», Ferhat Mehenni, avec les services de renseignement israéliens.

Gouvernement provisoire kabyle

L'activisme de Ferhat Mehenni ne date pas d'hier. En avril 1980, il fut l'un des artisans du Printemps berbère de Tizi Ouzou, ce qui lui vaut d'être une première fois arrêté. Cinq ans plus tard, il est à nouveau emprisonné pour son appartenance à la ligue algérienne des droits de l'homme, puis relâché, en 1987, à la faveur d'une grâce présidentielle prononcée par Chadli Bendjedid. Et c'est en lançant le Mouvement culturel berbère (MCB) dans les années 90, qu'il parviendra à faire reconnaître la langue Tamazight.

Fondé par le chanteur engagé Ferhat Mehenni, 61 ans, le MAK est depuis longtemps accusé d'entretenir des relations avec des organisations sionistes, ce qu'il a toujours démenti, notamment en mai 2009, quand le quotidien algérien quotidien Ennahar, a révélé qu'il s'est réuni à l'ambassade d'Israël à Paris, avec des agents du Mossad et des services secrets américains.

L'activisme débordant de Ferhat Mehenni s'est traduit le 1 juin 2010 par la création, à Paris, de l'Anavad, ou « Gouvernement provisoire kabyle en exil (GPK)», dont il s'est fait élire président. En Kabylie, le MAK est dirigé par Bouaziz Aït-Chebib, 39 ans, licencié en sciences politiques, ancien militant du Mouvement culturel berbère (MCB) et du Rassemblement pour la Culture et la Démocratie (RCD).

Mehenni, sous le coup d'un mandat d'arrêt en Algérie - dont il affirme ne pas connaître le motif – demeure président statutaire du MAK. Il ne faut pas être grand clerc pour penser que le «régime arabo-islamique d'Alger», comme disent les berbéristes, l'accuse d'atteinte à la sûreté de l'Etat. En effet, otre ses relations avec des services secrets étrangers, le GPK est accusé d'être financé par le Maroc. C'est du moins ce qu'affirme Idir Djouder, son ancien « ministre de Finances» .

Depuis son installation en France, Mehenni se découvre de plus en plus. En avril 2011, il est allé aux Etats-Unis chercher un appui diplomatique. Le programme de ses rencontres était organisé, a-t-on dit, par des membres de l'AIPAC, le lobby pro-israélien américain. Au menu : un discours devant l'instance permanente des peuples autochtones de l'ONU, des entretiens avec la co-présidente du Caucus antiterroriste de la Chambre des représentants, le Président de la Commission du renseignement pour le Moyen-Orient au Congrès, et des dirigeants des think tanks comme la Heritage Foundation et l'Institute of World Politics. Des rencontres étaient également prévues au Pentagone et au Conseil national de sécurité, mais selon la chaîne Fox News, ces deux dernières demandes seraient restées sans réponse.

En février 2012, le GPK est allé plus loin. Dans une lettre ouverte à Hillary Clinton, venue à Alger suivre les préparatifs des législatives de mai, il a demandé à la Secrétaire d'Etat «de bien vouloir porter la revendication légitime de la Kabylie au sein du Conseil de Sécurité de l'ONU», décrivant la région comme «un pays annexé à l'Algérie par la France coloniale... un pays qui a existé bien avant l'Algérie» et assimilant l'armée algérienne à une armée d'occupation.

Ferhat Mehenni, dont les tentatives de couper la Kabylie du reste de l'Algérie sont vouées à l'échec, était allé chercher en Israël un soutien que lui avaient certainement suggéré les services secrets marocains, lesquels voient en lui le «pion» dont les idées séparatistes pourraient amener l'Algérie à réviser sa position sur l'affaire du Sahara Occidental.

Traînant déjà de lourds soupçons de connexion avec des officines de pays étrangers, depuis la création du MAK, puis du GPK (gouvernement provisoire kabyle), Ferhat Mehenni enchaînait des sorties publiques à travers lesquelles il affichait clairement sa proximité avec le lobby sioniste en France, et en prenant des positions favorables à la politique d'Israël dans la région. Sa visite à Tel-Aviv, en mai 2012, a été le couronnement logique d'un enrôlement, plus qu'un acte de provocation.

Il a passé quatre jours à Tel-Aviv et à Jérusalem, accompagné par Lyazid Abid, son «ministre des Affaires étrangères». Il s'y est entretenu avec des sionistes purs et durs, voir pire : Danny Danon, vice-président de la Knesset, Uzi Landau, ministre de l'Energie et de l'Eau, et des membres de la division Afrique du Nord du ministère des Affaires étrangères. A côté de Danon, également président du Likoud mondial, Benyamin Netanyaou fait figure de mou.

Landau, ancien ministre de la Sécurité intérieure d'Ariel Sharon en 2001 - qui a rejoint en 2008 le parti ultra raciste Yisrael Beiteinu d'Avigdor Lieberman – est du même acabit. Le choix de ces personnalités pour rencontrer Mehenni ne doit rien au hasard, l'organisateur du voyage étant Jacques Kupfer, ancien chef de la section française du Betar, milice armée sioniste d'extrême droite.

Dans une interview accordée au quotidien israélien Jerusalem Post, il a déclaré sa totale allégeance à Israël. «*Les Kabyles ont toujours eu un peu de sympathie pour Israël*», a-t-il affirmé. «*Cette sympathie, argumente-t-il, s'est matérialisée par le soutien de la Kabylie à l'Etat israélien.*» L'ancien chanteur atteste que «*pendant la guerre de 1967, la Kabylie a applaudi la défaite des Arabes*».

Il déclare que «lui et son peuple» continueront à poursuivre une «*défiance vis-à-vis de la loi algérienne qui veut qu'Israël soit boycotté*» et souligne qu'il «*espère que les relations entre la Kabylie et Israël puissent être intensifiées*». Dans une déclaration à la presse, le gourou du MAK dit ne pas regretter son action et qu'il n'hésiterait pas à retourner à Tel-Aviv «*s'il le faut*».

Il justifie cette visite par sa volonté d'élargir son cercle de «soutiens» dans le monde. «*Je n'ai jamais pris de contacts avec le Mossad. Mon voyage en Israël s'inscrit dans le cadre de relations d'Etat à Etat. Le Gouvernement Provisoire Kabyle est fondé à plaider en faveur de l'avènement d'un Etat kabyle auprès de tous les pays du monde. La Kabylie et le peuple kabyle ont besoin de se prendre en main pour ne plus vivre sous la botte et la dictature de généraux algériens suspicieux et anti-kabyles.*»

Dans une interview, Ferhat Mehenni declarait: «*La Kabylie ne se sent pas partie intégrante du monde arabo-musulman. Elle s'y refuse au nom de son identité et de ses valeurs. Un intellectuel vient de donner sur un site internet la conclusion de cette visite, et selon laquelle "la Kabylie n'est pas prête à rendre les armes". Disons qu'elle n'acceptera jamais d'être soumise. La Kabylie, à travers ce geste, réaffirme sa propre souveraineté sur elle-même. Nous préférons cultiver l'amitié entre les peuples à la place de la haine que l'on prête, à tort ou à raison, à cette nébuleuse arabo-musulmane.*»

Sur son visite en Israel, il declare que « *Notre objectif était une simple prise de contact. Israël a son siège à l'ONU, contrairement à la Kabylie du fait d'une injustice historique qu'elle cherche aujourd'hui à réparer. Nous voulons nouer des relations d'amitié entre nos deux peuples, kabyle et Israélien. Nous cherchons aussi des soutiens politiques et diplomatiques en mesure d'inscrire la question kabyle à l'ordre du jour de l'ONU. Nous avons rencontré le Vice Président de la Knesset M. Danny Danon, des responsables au ministère des Affaires Etrangères chargés des dossiers nord-africains, et au niveau ministériel par le Ministre des Infrastructures, M. Uzi Landau. Nous attendons de cette visite une meilleure connaissance de la Kabylie de la part de nos partenaires israéliens et le développement de notre coopération culturelle et politique entre nos deux gouvernements et nos deux peuples.»*

Ferhat Mehenni est revenu de Tel-Aviv gonflé à bloc, avec la conviction « qu'Israël adoptera la Kabylie comme sa sœur». Il ne cache plus qu'en réclamant un référendum d'autodétermination sous l'égide de l'ONU, c'est à la création d'un Etat amazigh pro-occidental qu'il pense. En Algérie, les organisations berbères ne vont pas jusque là et sont loin de cautionner ses liaisons dangereuses.

Sur le radio «Voix d'Israël», des experts militaires israéliens invités à une émission ont prétendus que les revendications du mouvement pour l'autonomie de la Kabylie, dirigé par Ferhat Mehenni, était légales et devraient être soulevés aux institutions internationales y compris les Nations Unies afin qu'elles soient introduites dans l'ordre du jour du Conseil Général, à l'instar de ce que fait l'Algérie qui soutient le Front Polisario et les mouvements de libération en Palestine. Plus grave encore, lorsque Ben Gourion Taghine, le chargé d'information du Chebek (Juifs algériens), a demandé de soulever la question du droit au retour d'Israël.

De son côté, le directeur de l'institut des études Hébreux, à Tel Aviv, a déclaré que l'ambassade israélienne a reçue Ferhat Mehenni qui s'est réuni avec le conseiller politique à Paris afin d'étudier le projet de l'autonomie, en présence du Mossad et des services de renseignements américains.

Sous le coup d'un mandat d'arrêt des autorités algériennes, Ferhat Mehenni vit aujourd'hui en exil, d'où il ne cesse de dénoncer l'oppression du pouvoir algérien contre la minorité kabyle, comme il l'a fait à l'ONU, le 26 mai 2009, devant l'instance permanente des peuples autochtones. À Paris, un an plus tard, il proclamait un « Gouvernement provisoire kabyle », l'Anavad, qu'il préside grâce à l'appui de jeunes élites de la diaspora kabyle en Europe et en Amérique du Nord

paix en Palestine, et vérifier si ceux-ci l'étaient effectivement. Il est aussi arrivé à la jeune Marocaine, assistée de certaines de ses consoeurs d'Europe Centrale, d'Asie ou d'Afrique de l'Ouest, de collaborer avec la CIA dans le cadre d'opérations communes. Ou avec d'autres services secrets de pays amis d'Israël ou n'ayant pas de contacts normalisés avec l'Etat hébreu. Nabila travaillera-t-elle un jour avec la division des opérations spéciales du Mossad, connue sous le nom Action, l'unité chargée des éliminations physiques de cibles sensibles, des opérations paramilitaires et de sabotage? Certains services secrets soupçonnent en tout cas ce petit bout de femme d'avoir fait partie, alors qu'elle officiait aux Emirats Arabes Unis, du même groupe d'agents turcs et saoudiens, auteurs présumés du meurtre et de la mutilation, le 24 septembre 1980, du journaliste libanais pro-indépendantiste (de la revue Al Hawadess)et anti-syrien, Salim el Laouzi.

Nabila n'est pas dupe. Elle sait qu'elle risque sa vie avec ce métier de l'ombre dont elle a peur de ne plus pouvoir se passer. Et que ses recruteurs ne viendront pas à sa rescousse si elle tombe dans les filets de leurs ennemis. Mata Hari n'a-t-elle pas été fusillée par la France en 1917, cette nation même pour laquelle elle se disait espionne? Et, le 18 mai 1965, Kamil Amin Tabet, l'agent israélien Elie Cohen, n'a-t-il pas été pendu sur la place publique à Damas? Et que dire des ratés de plus en plus fréquents du Mossad, sachant que, à titre d'exemple, pour la seule année 1996, les Egyptiens ont démantelé 7 réseaux d'espionnage israéliens... contre 20 pour les 15 années précédentes? Jusqu'où Nabila et ses collègues seraient-elles prêtes à aller?

Une chose est sûre: fichées par Interpol et de nombreux services secrets à travers le monde, Nabila F. et sa douzaine de collaboratrices, se sont aujourd'hui, évaporées dans la nature. Envolées vers d'autres cieux, repenties ou... en quête d'autres proies?

Said Sahnoune

Saïd Sahnoune s'est enfui d'Algérie pendant la campagne terroriste islamiste, au début des années 90. Il a alors bourlingué à travers l'Afrique francophone, travaillant comme journaliste et même créant une publication.

Au Bénin, il avait fondé un quotidien appelé Le Matin. En Côte-d'Ivoire, il avait contribué à un autre journal, La Paix. Et c'est après la publication d'un supplément sur l'assassinat du Premier ministre israélien Yitzhak Rabin en 1995 que son premier contact avec l'ambassade d'Israël dans ce pays avait été établi. Un membre du service de presse de l'ambassade d'Israël l'appelle et le complimente sur ses articles. Il invite Sahnoune à déjeuner et lui offre un voyage en Israël pour couvrir un congrès syndical. Les Israéliens mettent du temps mais l'observent. L'ambassadeur lui a demandé de participer à un séminaire de la section arabe de la Histadrout (le syndicat des travailleurs en Israël) pour lui offrir un travail en tant que journaliste d'investigation.

En 1998, ils lui proposent un reportage bien payé en Thaïlande. En fait, de Bangkok, il est envoyé en avion à Tel-Aviv. Là, à l'hôtel Metropolitan, on lui offre de travailler comme agent du Mossad. Après un essai de deux semaines à Tel-Aviv, un chef du Mossad, qui lui-même identifié seulement comme Sami l'a invité à dîner. "*Nous sommes intéressés par votre profil; que diriez-vous, êtes-vous intéressé aussi?* "Il va alors effectuer un stage de quinze jours pour recevoir une formation de base. Il apprend à collecter des renseignements et à les transmettre, à détecter une filature etc...

A ce propos, il a confié qu "*ils m'ont soumis à de longs interrogatoires, avec des détecteurs de mensonge inclus, en ce qui concerne ma propre vie et motivations*" avec cette question soulevée à maintes reprises : "Avez-vous été envoyé ici par un service étranger".

Sahnoune a passé tous les tests avec succès et a, finalement, été recruté par le Mossad. Mais ce n'est qu'après un essai de deux semaines à Tel-Aviv, qu'un chef du Mossad, Sami, s'était identifié en acceptant de dîner avec lui à Tel-Aviv. Le journaliste algérien affirme avoir posé certaines conditions à ses nouveaux employeurs, à savoir, ne pas travailler contre son pays et ne pas tuer quelqu'un, lesquelles conditions ont été acceptées.

En usant de sa qualité de journaliste, il espionnait pour le Mossad à Abidjan en Côte-d'Ivoire. Il était chargé de la surveillance de la colonie libanaise chiite en Afrique de l'Ouest et il a informé le Mossad sur la communauté chiite libanaise, très présente dans la capitale ivoirienne. «*Je devais également prendre contact avec des chrétiens libanais... J'avais plus ou moins compris que les Israéliens comptaient les recruter...* »

Sahnoune espionnait également en Tunisie, mais surtout au Liban après le retrait d'Israël du Sud du pays, qu'il occupait jusqu'en 2000. Selon le journaliste algérien, le Mossad s'intéressait à un Libanais qui avait travaillé pour l'Organisation de libération de la Palestine (OLP), ainsi qu'à un ancien ambassadeur du Liban, un militaire et un couple de chiites dans le Sud. Il avait établi des contacts avec eux pour savoir si ces personnes se rendaient en Europe ou si elles pourraient être invités à un événement en Europe. Pour Sahnoune, le Mossad voulait les recruter, mais pas au Liban.

Le paiement de l'espion algérien se faisait en espèces à Chypre à raison de 1.500 dollars par mois en plus de la prise en charge de ses frais de mission qui lui permettaient de gagner jusqu'à 6.000 dollars quand les cibles étaient atteintes. Il était également à Chypre que le Mossad a décidé de rompre les liens avec Sahnoune après lui mettre par la énième séance de détecteur de mensonge. A en croire le journaliste algérien, les services du Département du renseignement et de la sécurité (DRS) étaient informés de sa collaboration avec le Mossad. Cela lui avait valu, selon lui, son renvoi par les israéliens en 2002 avant de rentrer en Algérie.

Au début de 2002, Sahnoune est retourné à sa ville natale de Kabylie et tiraient leur subsistance des petits boulots, jusqu'à ce qu'il a été interviewé à l'ambassade d'Espagne. Il n'y avait pas besoin de passer un test de détecteur de mensonge dans ce cas. "*Il me suffisait de leur parler de ma carrière à se faire embaucher.*"

Il était en 2004 et son salaire mensuel serait de 900 euros plus les frais et les primes. Comme avant, Sahnoune ne savait pas très bien qui il travaillait. Il se souvient de ses contacts étaient Miguel, Lorenzo et, surtout, Carlos, qu'il vit un jour "*à la télévision, assister à une cérémonie et vêtu d'un uniforme de la Garde civile.*

«*Les services secrets espagnols demandaient des informations sur les suspects de terrorisme de leurs homologues algériens, mais ils ont pris beaucoup de* temps à revenir à eux", dit-il. "Ainsi, les Espagnols m'a demandé d'essayer de savoir ce qu'ils voulaient savoir. Le DRS en Algérie connaissait mon travail et n'a pas contesté, tant que je ne l'ai pas espion ».

Le DRS était également informé de cette collaboration avec les espagnols, selon Sahnoune. «*Le DRS était au courant dès le début que j'étais en relation avec eux. Je remettais des copies des dossiers aux services algériens*», affirme-t-il. Intercepté au Maroc après y avoir pénétré illégalement en décembre 2005, le journaliste algérien, qui prétendait enquêter sur l'immigration clandestine sub-saharienne, avait été ensuite remis aux autorités algériennes.

Après l'avoir utilisé un moment comme agent double, ils le condamnent à dix ans de prison ferme pour espionnage au profit des services secrets israéliens et de l'Espagne. « *Le procès s'est tenu à huis clos à Tizi-Ouzou. J'ai passé six ans et demi en prison et j'ai été libéré en juillet 2012, après avoir bénéficié de différentes grâces. Dans mon dossier, il n'y a rien. J'ai travaillé avec le Mossad sur le terrorisme mais jamais sur l'Algérie. Je n'ai jamais nui à l'Algérie. Il n'y avait pas d'espionnage*», insiste M. Sahnoune qui estime qu'il a été victime d'une lutte de clans.

Le procureur a requis une peine de 20 ans contre Sahnoune pour divulgation de secrets de la défense nationale à deux puissances étrangères, mais le tribunal a réglé pendant 10 ans. "*Nous avons un système de rééducation dans nos prisons qui permet aux condamnés de réduire leur peine si elles apprennent un métier et passer les examens*», explique l'avocat de Sahnoune, Saada Messous, dans une conversation téléphonique d'Alger.

Il a été libéré le 5 Juillet 2012. «*Puis je passé six mois à penser à ce que je dois faire ensuite, jusqu'à ce que je décide de quitter l'Algérie*», explique cet ancien espion. «*Je ne pouvais pas entreprendre quoi que ce soit dans mon pays.*"

Libéré, il ne peut trouver de travail nul part. Alors il est venu en Espagne avec son fils. «*Il était temps pour lui de faire son service militaire, et à cause du passé de son père, il aurait eu une période très difficile dans l'armée*», explique t-il. «*Je suis convaincu qu'il serait facile d'entrer dans le pays que je travaillais et courir des risques pour. Mais il était pas comme ça!* " . Il a laissé sa femme et ses deux filles à la maison. "*L'aîné sera bientôt se marier, et je ne pourrai pas assister au mariage,*" dit-il.

Aujourd'hui, il végète, apatride, dans un centre d'hébergement de la Croix-Rouge de la banlieue de Madrid.

Alberto, l'espion du Mossad

En Mars 2010, les forces de sécurité algériennes ont arrêté un agent du Mossad à Hassi Messaoud, Alberto 35 ans, après qu'il soit entré en Algérie avec un faux passeport espagnol. Il devait rencontrer des groupes terroristes salafistes en Algérie. L'espion parle bien l'arabe et fréquente les quartiers populaires. Il prétendait être musulman et faisait la prière à la mosquée « Bilal Ibn Rabah » à Hassi Messaoud. Il fréquente aussi les cafés et interroge les gens qu'il rencontre sur le prix du sucre et de la semoule, et aussi sur les islamistes et les barbus et sur les compagnies de pétrole, l'emploi et le chômage.

A l'époque c'est le quotidien israélien «Yediot Aharonot» qui avait annoncé le premier que l'homme serait disparu dans une région en Afrique du nord et l'on s'inquiète qu'il soit kidnappé par les groupes terroristes. Celui-ci aurait contacté sa famille avant sa disparition, leur annonçant qu'il allait bien et qu'il a été arrêté par les services de sécurité algériens et interrogé sur le but de son entrée en Algérie...

www.ingramcontent.com/pod-product-compliance
Lightning Source LLC
Chambersburg PA
CBHW051953280526
45789CB00009B/3266

9781539907428